Naiem Ahmadinejadfarsangi

Shia signifie amour signifie fierté

Naiem Ahmadinejadfarsangi

Shia signifie amour signifie fierté

شیعه یعنی عشق ، یعنی افتخار

Éditions Muse

Imprint

Cover image: www.ingimage.com

Publisher:
Éditions Muse
is a trademark of
Dodo Books Indian Ocean Ltd., member of the OmniScriptum S.R.L Publishing group
str. A.Russo 15, of. 61, Chisinau-2068, Republic of Moldova Europe
Printed at: see last page
ISBN: 978-620-3-86438-0

Shia signifie amour signifie fierté

شیعه یعنی عشق ، یعنی افتخار

Naiem ahmadinejadfarsangi

نعیم احمدی نژاد فرسنگی

Table des Matières

Introduction

On sait qu'Ali n'a pas construit brique pour brique, brique pour brique, bâton pour bâton, et a refusé de vivre dans le palais qui lui a été préparé à Koufa, afin que son lieu de résidence soit sa maison. à de nombreuses personnes nécessiteuses vivant dans la misère. N'a pas été supérieur. C'est le mot d'Ali, qui tire son origine de son mode de vie : « Dois-je me convaincre que tu m'appelles Amir al-Mu'minin et ne pas être un partenaire dans les épreuves de ton temps ? Ali déclare qu'il n'est pas mécontent de la bonne nourriture, des vêtements doux et d'un logement confortable. Mais il l'évite car s'il le fait, il y a des gens dans le besoin qui n'obtiennent pas ce qu'il obtient. Cette déclaration est la raison pour laquelle son premier intérêt est d'élargir les possibilités de vie du peuple, et tant qu'il y aura une personne parmi le peuple qui ne connaît pas Siri et attend une miche de pain, le chef de ce le groupe a besoin de ce qu'il tolère, pour endurer et goûter la souffrance qu'il subit ; Jusqu'à ce que l'ombre de la pauvreté s'efface de leur tête, puis s'efface aussi de sa tête ; Sinon, quel est le sens pour le leadership et la province? De l'avis d'Ali, les difficultés de l'époque sont égales aux épreuves de la pauvreté. N'insulte même pas l'ennemi Pendant les jours de la guerre de Safin, il entendit ses compagnons insulter les chamans pour leur tromperie et leur tromperie. « Je suis mécontent que vous soyez moche, leur dit-il. Mais si vous racontez leurs actes et comment vous les exprimez, vos mots seront plus honnêtes et plus profonds pour exprimer la trahison. Au lieu de les maudire, dis : Dieu !

Sauvez notre sang et le leur. Faites la réconciliation entre nous et eux. "Sauvez-les de l'égarement, afin qu'ils puissent connaître la vérité de l'ignorance, et restez loin de celui qui parle d'oppression et d'agression." Règle et mérite De l'avis d'Ali ibn Abi Talib, gouverner n'est pas un droit que Dieu a accordé à un être humain et lui et ses proches peuvent l'exercer à leur guise ; Comme il fut plus tard gouverné par les Omeyyades et les Abbassides, et comme ce fut le cas dans l'histoire de l'Europe médiévale, ils connaissaient le gouverneur ou le roi comme l'ombre de Dieu sur terre et la volonté du souverain comme la volonté du créateur de la ciel où l'on ne regarde pas les dignes. Au contraire, du point de vue d'Ali, la règle est donnée à ces masses, à qui elles veulent, et elles la prennent à qui elles veulent ; Ils récompensent les justes et punissent les méchants.

Naissance de l'Imam Ali (AS)

La naissance de l'Imam Ali (AS) eut lieu le treizième jour du mois de Rajab de l'an 30 de l'éléphant, dans la maison de la Kaaba. L'histoire de la naissance de l'Imam Ali (AS) est que Fatima bint Asad, pendant les douleurs de l'accouchement, a pris la route de la Sainte Mosquée et s'est approchée du mur de la Kaaba et a dit : "Oh mon dieu! J'ai une foi ferme en vous et en les prophètes et les livres que vous avez révélés, ainsi qu'en les paroles de mon grand-père Ibrahim, le constructeur de cette maison. Ô Seigneur! "En l'honneur de la personne qui a construit cette maison et pour le droit de l'enfant dans mon ventre, rendez cet enfant facile pour moi!" Il n'a pas fallu longtemps pour que le mur sud-est de la Kaaba soit déchiré sous les yeux d'Abbas bin Abdulmutallab et de Yazid bin Taif. Fatima entra dans la Kaaba et le mur se rejoignit. Fatima est restée trois jours à la Kaaba et a donné naissance à son bébé. Puis il est sorti de la même fissure dans le mur qui avait été rouverte et a nommé son fils "Ali" sur la base d'un message qu'il avait entendu de l'invisible.

Enfance de l'Imam Ali (AS)

L'Imam Ali (AS) a vécu avec ses parents jusqu'à l'âge de 3 ans et le Saint Prophète (PSL) l'a élevé indirectement dès sa naissance. Jusqu'à ce qu'il y ait une étrange sécheresse à La Mecque et qu'Abou Talib, l'oncle du Prophète, affronte le lourd tribut de la vie avec ses quelques enfants. Le Saint Prophète (PSL), en consultation avec son oncle Abbas, a convenu que chacun d'eux devrait prendre un fils d'Aboutaleb avec eux afin qu'il y ait une ouverture dans le travail d'Aboutaleb. Abbas a emmené Jafar et le Prophète (PSL) Ali (AS) dans sa maison. Imam Ali (AS) au moment de la résurrection Après la révélation de Dieu et l'élection du Prophète Mohammad (PSL) à la prophétie et trois ans d'invitation secrète, finalement le courrier de la révélation est arrivé et une invitation publique a été donnée. Pendant ce temps, l'Imam Ali (AS) était le seul exécuteur des plans du Prophète (PSL) dans son invitation divine et le seul compagnon et sympathisant de cet Imam lors d'un banquet qu'il organisa pour familiariser ses proches avec l'Islam et les inviter à la religieux de Dieu. Lors du même banquet, le Prophète (PSL) a demandé à l'assistance : Lequel d'entre vous m'aidera de cette manière à être mon frère, gardien et représentant parmi vous ? Seul Ali (AS) répondit : O Prophète de Dieu ! Je vais vous aider de cette façon. Le Prophète (PSL) après avoir répété la question trois fois et entendu la même réponse a dit : mes proches, sachez qu'Ali (AS) est le frère, le gardien et le calife après moi parmi vous. Imam Ali (AS) au moment de la migration Lorsque le Prophète (PSL) a voulu émigrer de Magh à Médine, les polythéistes ont comploté pour tuer le Prophète. Imam Ali (AS) avec courage et abnégation au lieu du Prophète (PSL) a dormi dans son lit et, ce faisant, a préparé le terrain pour l'émigration du Prophète (PSL). Mariage de l'Imam Ali (AS) Au cours de la première à la troisième année de AH, le Saint Prophète (PSL) a marié sa fille Fatima (AS) à l'Imam Ali (AS). Le premier enfant de l'Imam Ali (AS) et de Hazrat Fatima (AS) est né au milieu du Ramadan dans la troisième année de AH, qui s'appelait Hassan. Leur deuxième enfant, Hussein, est né le trois Sha'ban de la quatrième année de l'hégire. Imam Ali (AS) courbé à Ghadir Après avoir terminé le Hajj au cours de la dernière année de sa vie, le Prophète (psl) a ordonné un arrêt sur le chemin du retour à un endroit appelé Ghadir Kham près de Jahfa, parce que le messager de la révélation avait ordonné que le Prophète (psl) achève sa mission . Après la prière de midi, le Prophète (PSL) est allé à la chaire des chameaux et a dit : « O gens ! « Je suis sur le point d'accepter l'invitation de la vérité et de vous quitter. Que pensez-vous de moi ? Les gens dirent : « Nous témoignons que vous avez prêché la religion de Dieu. » Le Prophète a dit : « Ne témoignez-vous pas qu'il n'y a de divinité que Dieu, et que Mohammed est le serviteur de Dieu et son messager ? Les gens dirent : « Oui, nous témoignons. » Alors le Prophète (PSL) leva la main de l'Imam Ali (AS) et dit : « O gens ! « Qui mérite plus les croyants qu'eux-mêmes ? » Les gens dirent : « Dieu et Son Messager savent mieux que quiconque. » Alors le Prophète dit : « O gens ! "Qui que je sois son maître et son chef, Ali est aussi son maître et son chef", et ils ont répété cette phrase trois fois. Puis le peuple a félicité l'Imam Ali (AS) pour ce choix et lui a prêté allégeance. L'héroïsme de l'Imam Ali (psl) L'Imam Ali (AS) a combattu aux côtés du Prophète de l'Islam dans la plupart des guerres en tant que porte-drapeau du Corps des gardiens de la révolution islamique, et il existe de nombreuses histoires de sa bravoure et de son courage dans de nombreuses langues. Bien sûr, selon les récits, Hazrat Amir (AS) était présent dans tous les raids à l'exception du raid Tabuk. Dans sa campagne Tabuk, le Saint Prophète (PSL) a laissé l'Imam Ali (AS) à sa place à Médine, ce qui a provoqué une série de rumeurs sur la turbidité du Prophète de l'Imam Ali (AS). L'Imam Ali (AS) a partagé cette rumeur avec le Prophète et il (AS) a dit : "Tu es l'un des descendants d'Aaron de Moïse, sauf qu'il est le prochain prophète." "Votre position envers moi est comme la position d'Aaron envers Moïse, à moins qu'il n'y ait un prophète après moi." Il était toujours en première ligne de son armée, infligeant de lourdes pertes à l'ennemi lorsque la guerre a éclaté, de sorte que tous les ennemis de l'Islam avaient peur de son nom et ne voulaient pas l'affronter. Par conséquent, le premier Imam s'appelait « Haidar Karar ». C'est après le courage de cet Imam dans la bataille d'Uhud que l'ange de la révélation dit au Prophète (PSL) : C'est le sacrifice ultime que montre Ali (AS). Le Messager de Dieu a dit : « Il est de moi et je suis de lui. » À ce moment-là, ils entendirent une voix du ciel disant : "Il n'y a de dieu qu'Ali, il n'y a de mal qu'aux pauvres." "Il n'y a pas d'homme courageux comme Ali et pas d'épée comme Zulfiqar" Imam Ali au moment de la mort du Prophète (PSL) Dans les derniers moments de la vie du Prophète (PSL), Ali (AS) est venu à lui et le Messager de Dieu (PSL) a partagé un long secret avec lui et après cela sa maladie s'est intensifiée et il a dit à Ali (AS) : Mettez-vous, parce que le commandement divin est arrivé, chaque fois que l'âme se sépare de mon corps, prenez-la avec votre main et tuez-la sur votre visage, puis faites-moi affronter la qibla et équipez-la, et priez sur mon corps devant tout le monde, et jusqu'à mon corps. Tu te caches dans la poussière, ne te sépare pas de moi et demande l'aide de Dieu Tout-Puissant. " Après la mort du Prophète (PSL), alors qu'Ali et certains membres de la tribu Bani Hashim préparaient et enterraient le Prophète (PSL), certains émigrants et Ansar, dont Abu Bakr, Umar et Uthman, se sont mis en route et se sont rendus à un endroit Les Bani Sa'ida se sont réunis pour clarifier la tâche du gouvernement, qui après les différends qui ont eu lieu entre eux, a finalement présenté Abu Bakr comme calife, indépendamment de l'incident de Ghadir. L'imam Ali (AS) est resté silencieux sur cette question pendant 25 ans et après l'assassinat d'Uthman, il a repris le califat avec l'invasion et l'insistance des musulmans.

Martyre triste et oppressant et enterrement du pieux Mawlawi (AS)

Après la bataille de Nahrawan et la répression des Kharijites, certains Kharijites, dont Abd al-Rahman ibn Muljam Moradi, Barak ibn Abdullah Tamimi et Amr ibn Bakr Tamimi, se sont réunis une nuit et ont examiné la situation de ce jour-là ainsi que l'effusion de sang et la violence civile. Ils se sont souvenus de leurs morts et sont finalement arrivés à la conclusion qu'ils sont la cause de cette effusion de sang et de ce fratricide de l'Imam Ali (as), Mu'awiyah et

Amr al-As, et si ces trois personnes sont éliminées, les musulmans sauront leur devoir. Ils ont ensuite conclu un pacte selon lequel chacun d'entre eux s'engagerait à tuer l'un des trois. Le maudit Ibn Muljam entreprit de tuer l'Imam Ali (as). Burk bin Abdullah n'a pu blesser Mu'awiyah qu'à la cuisse, qui a guéri et récupéré après un certain temps. Amr ibn Bakr a également assassiné le juge de la ville, qui assistait à la congrégation ce jour-là en raison de la maladie d'Amr al-As. Mais en attendant, seul le maudit Ibn Muljam a mené à bien son plan. Ibn Muljam peu de temps après, à l'aube du dix-neuvième mois de Ramadan de l'an 40 de l'hégire et dans la mosquée de Koufa, avec une épée empoisonnée, fendit la partie bénie de l'Imam Ali (AS) alors qu'ils se prosternaient devant l'autel d'adoration, du sang a coulé de sa tête Il a coulé et ses mérites ont été souillés de sang, et en même temps ils ont dit: "Tu es le Seigneur de la Ka'ba" (j'ai été sauvé par le Dieu de la Ka'ba) , puis ils récitèrent le verset 55 de la sourate Taha : (Nous t'avons créé de la poussière et Nous t'y ramènerons et t'en sortirons à nouveau.) Le peuple courut vers Ibn Muljam, mais quiconque s'approchait de lui, Ibn Muljam le frappa avec son épée. Enfin, Qutham ibn Abbas ibn Abd al-Muttalib, le cousin du Prophète (PSL), s'avança et le jeta au sol. L'imam Hussein (AS) et Bani Hachem ont transporté le corps blessé du noble père à la maison sur un kilim. Le Commandeur des Croyants (psl) a pointé du doigt Ibn Muljam et a dit : « Si je meurs, tuez-le, comme il m'a tué, et si je survis, je déciderai pour lui moi-même. Ils ont apporté du lait pour l'Imam Ali (AS). L'Imam (AS) en a bu une partie et a dit : "Donnez ce lait à votre prisonnier et ne le dérangez pas." Les médecins de Koufa, dont Athir ibn Amr, qui était le plus compétent, se sont réunis à son chevet. Quand Athir vit la blessure sur la tête bénie de l'Imam (AS), après un examen, il dit : « " Ali (AS) ! "Faites votre testament, car l'épée empoisonnée a atteint le cerveau et le remède n'est pas efficace." Et ainsi l'imam opprimé des chiites, l'imam pieux et le chef des libres (AS) dans la nuit du vingt et un du même mois et à l'âge de 63 ans, après des années au service de la religion de Dieu, le les gens et pour le bonheur de l'humanité et les opprimés endurant la souffrance, la souffrance, Les impitoyables et les violateurs de l'alliance ont été martyrisés. L'Imam Ali (AS) dans les derniers instants de sa vie s'est soucié du bien-être de la population et a dit à ses enfants, à ses proches et à tous les musulmans : « Je vous conseille d'être pieux et ordonné dans votre travail et d'être toujours penser à la réforme parmi les musulmans. N'oubliez pas les orphelins, respectez les droits des voisins. Faites du Coran votre plan pratique. "Respectez beaucoup la prière, qui est le pilier de votre religion." Le bain et l'enterrement de l'Imam Ali (AS) ont été effectués sur l'ordre de cet Imam (AS) par ses deux chers enfants, l'Imam Hassan (AS) et l'Imam Hussein (AS). Ensuite, le corps sacré du Prophète (psl) a été emmené au pays de "Ghari" (Najaf Ashraf) et là - à côté du sanctuaire du prophète Adam (psl) et du prophète Noé (psl) des prophètes divins - et selon sa volonté (AS) cachait leur tombe honorable. Le sanctuaire sacré de l'Imam Ali (AS) était encore caché jusqu'à ce qu'il soit présenté aux chiites par l'Imam Ja'far Sadegh (AS) après la disparition des Omeyyades et l'élimination de la menace kharijite à l'époque des Abbassides. Le sanctuaire noble et lumineux du pieux Mawlawi (AS) à Najaf Achraf est maintenant le sanctuaire des anges et des cieux et le sanctuaire des chiites et des fidèles du Prophète (PSL). Adoration et mystère et un digne besoin de Dieu, interprétation du Saint Coran et résolution des problèmes religieux, réponse aux questions des savants d'autres nations et villes, exprimer le verdict de nombreux événements émergents dans l'Islam, éduquer un groupe à l'esprit pur avec un esprit prêt pour le voyage, la rébellion, l'apaisement et l'aide des orphelins, des opprimés et des opprimés, du travail et des efforts pour subvenir aux besoins de nombreuses personnes pauvres et sans défense dans la mesure où il a construit un jardin de ses propres mains et a creusé des aqueducs et des puits d'eau et puis les a consacrés à Dieu, y compris Les plans de l'Imam

Ali (AS) étaient pendant l'usurpation du califat de l'Imam Hammam (AS) et après cela.

La justice du point de vue d'Amir (AS) comprend divers domaines de l'économie et de la société : 1. Justice économique : Dans cette section, il n'a fait aucune concession à personne, même s'il s'agissait de proches parents du Prophète. 2. Répartition équitable de la trésorerie : "Si la propriété m'appartenait, je donnerais la même chose, sans parler du fait que la propriété appartient à Dieu. Puis il dit : C'est définitivement de l'extravagance, de l'extravagance et de l'extravagance, et un tel bienfaiteur est célèbre dans le monde et a un nom et une réputation, mais dans l'au-delà il sera misérable et inférieur. Les gens le respecteront, mais il sera méprisé et sans valeur aux yeux de Dieu. Si une personne dépense inutilement sa richesse et la donne à des incompétents, Dieu le privera de la même grâce à eux, et ils choisiront un autre ami. "Si un jour il tourne la page et se tourne vers eux pour obtenir de l'aide, ils seront le pire et le plus répréhensible des amis." 2. Justice sociale Le Commandeur des fidèles (psl) a chargé les agents de son gouvernement d'observer la justice dans leurs vues et la répartition des richesses : « Je jure par Dieu, si cette propriété, la cabane des épouses et le prix des servantes ont été rendus , je le rendrai au trésor." "Qui est ouvert en justice, et quiconque est dur avec 'Papa' criera 'Par méchanceté.' Sélection d'agents gouvernementaux qualifiés : Le secret du succès d'un gouvernement moral est que les représentants du gouvernement sont choisis parmi les personnes les plus méritantes ; Et les commandes et recommandations de l'Imam Ali (as) dans la sélection des agents du gouvernement ont mis en évidence des indicateurs importants ; Certains d'entre eux sont rappelés : Conseiller, adhérent à ce qui est licite et illégal, plaisez à Dieu et évitez l'extravagance de choses qui plaisent aux agents, et déplaisent au public musulman ! Pour apaiser sa colère et lui donner du pouvoir, être patient dans le gouvernement, être humble avec le peuple, être égal dans la façon dont il traite et traite les gens, et les fonctionnaires du gouvernement doivent être parmi les gens expérimentés et modestes, d'un pur et famille pieuse avec une longue histoire de l'Islam. Ils sont brillants, ils sont choisis, parce que leurs mœurs sont plus précieuses, et leur réputation est plus sûre, leur cupidité est moindre, et ils ne trahissent pas. Bon traitement des personnes: "Couvrez votre cœur de bonté envers les gens et soyez amical et gentil avec tout le monde. Ne soyez jamais comme une proie que vous dévorez pour manger ; Parce que les gens sont deux catégories ; "Un groupe est votre frère religieux et l'autre groupe est comme vous dans la création." Concernant le traitement des polythéistes vivant sur le territoire de l'État islamique, il a déclaré à l'un de ses gouverneurs : « Ils se sont plaints de la violence, de la cruauté, de l'humiliation du peuple et de votre cruauté... En traitant avec eux, mélangez douceur et grossièreté. « Comportez-vous avec intensité et souplesse, et observez la modération en vous approchant ou en vous éloignant." Assurer la sécurité et le confort du public : Parce que la sécurité et le sentiment de paix sont très importants dans la vie humaine, que chaque fois que de bonnes personnes choisissent l'une des deux choses que sont la sécurité et la liberté, elles veulent naturellement sacrifier la liberté pour la sécurité et sauver leurs vies et leurs biens du danger et de la destruction. . La sécurité est une C'est une bénédiction divine que l'État islamique doit s'efforcer de créer, maintenir et protéger tous les types de sécurité, tels que la sécurité morale, économique, judiciaire, politique, sociale, culturelle et spirituelle. Sécurité Economique: L'Imam Ali (AS) dit aux collecteurs d'impôts : Soyez juste dans vos relations avec les gens et soyez patient pour répondre à leurs besoins. "Alors maintenant, je vous ordonne d'être juste envers le peuple et d'être patient pour répondre à ses besoins, que vous soyez le trésorier du peuple et de ses représentants et les ambassadeurs de l'État islamique. Ne frustrez pas les nécessiteux et ne déposez pas sa demande et ne mettez pas de « perceuse à coquelicots » dans l'impôt et ne vendez pas aux enchères des vêtements d'hiver et d'été et du bétail qui sont des outils et ne vendez pas aux enchères des esclaves. Ne fouettez personne pour des dirhams. Ne vous adressez à personne - qu'il soit musulman ou sous la protection de l'État islamique - à moins que vous ne trouviez un "cheval" ou une "arme" avec lequel ils veulent attaquer les musulmans, ce que le musulman ne mérite pas vraiment. ennemis de l'Islam pour rendre l'ennemi fier. Ne renoncez jamais aux conseils et à la bienveillance, et ne négligez pas le bon traitement des troupes. Ne refusez pas l'aide des gens. Renforcez la religion de Dieu et faites ce que vous devez et gardez l'obligation divine, car Dieu Tout-Puissant nous a demandé ainsi qu'à vous de le remercier de nos efforts et de l'aider de toutes nos forces, ce qui est une puissance supérieure à Dieu. "Ce n'est pas un grand rang."

"Alors acceptez ma commande aux commerçants et industriels, et commandez-les à la charité, les commerçants qui vivent en ville, ou ceux qui sont constamment en mouvement, et les commerçants qui travaillent avec la force physique, car ils sont les principales sources. " Les bienfaiteurs et créateurs des moyens d'existence et de confort et les créateurs des moyens d'existence viennent de lieux lointains et difficiles, de déserts et de mers, de plaines et de montagnes, de lieux difficiles où les gens ne se rassemblent pas, ou n'ont pas le courage aller là. Les marchands du peuple sont calmes et il n'y aura aucune crainte de leur militantisme, ce sont des gens de réconciliation qui n'ont aucune sédition. Dans leur travail, demandez-vous s'ils sont dans la ville où vous habitez, ou dans d'autres villes, selon ce que j'ai mentionné. Sachez aussi que parmi les marchands, il y a ceux qui sont bornés, mal marchands, avares et thésaurisants, qui ne pensent qu'à eux-mêmes par la force. Et ils vendent les marchandises au prix qu'ils veulent, ce qui est nuisible et coûteux pour tous les membres de la société, et un grand désavantage pour le dirigeant. Par conséquent, empêchez l'accumulation de biens, que le Messager de Dieu, paix et bénédictions de Dieu soient sur lui, empêché. L'achat et la vente dans la société islamique doivent se faire simplement et conformément aux normes de la justice, aux tarifs en vigueur. au vendeur et à l'acheteur. "Cela ne fait pas de mal, à quiconque amasse après votre interdiction, punissez-le pour être une leçon pour les autres, mais ne gaspillez pas sa punition." Sécurité socio-politique La sécurité politique dans toute société est due à la nécessité du gouvernement et à l'existence du gouvernement, c'est pourquoi il dit : « Alors que le peuple a besoin d'un bon ou d'un mauvais gouvernement, afin que les croyants puissent travailler à l'ombre du gouvernement et que les infidèles puissent . , Et le peuple vit dans l'établissement du gouvernement, il est collecté par le gouvernement du trésor et avec son aide les ennemis peuvent être combattus. « Les routes sont sûres et sécurisées, et les droits des faibles sont retirés aux forts, aux vertueux dans la prospérité et aux méchants en sécurité. » Soutien aux libertés légitimes : La liberté, comme des concepts tels que la bonté, le bonheur et la justice, est un concept complexe. Selon les penseurs et les philosophes, la vraie liberté consiste à suivre un ordre rationnel et logique, et cela signifie la capacité de faire tout ce qui ne nuit pas aux droits d'autrui, la liberté est un ordre juridique et une action responsable ; Comme l'énonce l'article 4 de la fameuse Déclaration des droits de l'homme et du citoyen français (du 26 août 1789) : "La liberté est la capacité d'accomplir tout acte qui ne nuit pas à autrui..."

signifie que la liberté est un responsabilité. La liberté est donc double : premièrement, que l'homme n'est pas soumis à l'agression et au harcèlement d'autrui, et deuxièmement, qu'il peut faire ce qu'il veut tant que les droits d'autrui ne sont pas lésés. On en déduit que le mot liberté dans diverses significations morales, politiques et juridiques est utilisé à partir de la pratique pratique du gouvernement alaouite et dans les mots de cet imam, bien sûr, puisque la liberté politique et juridique est liée au comportement des gouvernements, elle est discutée, car Politiquement, la liberté signifie les possibilités de l'individu en termes de droits civils, sociaux et politiques contre le pouvoir et la société. Juridiquement, la liberté est considérée comme l'un des droits fondamentaux de l'individu et ses garanties exécutives sont considérées.

En général, l'Imam Ali (AS) considère l'homme comme un être libre, et c'est l'un des fondements religieux de la liberté humaine, dans la mesure où il dit : « Ne soyez pas un autre esclave, car Dieu vous a créé libre. Il exprime également la dignité humaine au nom de sa liberté et dit : « J'ai bien vécu avec toi, … et je t'ai sauvé de l'esclavage de l'esclavage et de l'humiliation. Types de libertés De l'étude des paroles, des lettres et des sermons de cet imam, il est déduit qu'il considère la liberté du peuple devant le gouvernement de différentes manières, et donc, de son point de vue, la liberté peut être divisée en plusieurs types : 1. Liberté d'expression du peuple au gouvernement (gouvernement) "Je vous exhorte à me soutenir avec vos belles paroles... Alors ne me parlez pas comme ils parlent aux rois rebelles, et ne craignez pas les gens en colère,... Alors, ne dites pas la vérité. ,

Ou faites pas refuser de consulter en justice, car je ne me considère pas supérieur à l'erreur et à en être à l'abri, à moins que Dieu ne me protège. S'adressant à Malik Ashtar, l'un des dignes agents de cet imam en terre d'Égypte, il a déclaré : « Consacrez donc une partie de votre temps à ceux qui ont besoin de vous, pour vous occuper de leurs affaires en personne, et avec eux en Assemblée générale. « Asseyez-vous et soyez humbles devant le Dieu qui vous a créé, et éloignez d'eux vos soldats, vos alliés et vos gardes afin que leur porte-parole puisse vous parler sans inquiétude. » 2. Libertés politiques : L'une des raisons de la légitimité du règne d'Ali est que le peuple lui a prêté allégeance librement, et il a lui-même dit au peuple qui est venu lui prêter allégeance : « Le peuple m'a prêté allégeance sans réticence ni contrainte. Dans une lettre aux instigateurs de la bataille de

Jaml, l'imam n'a pas considéré l'allégeance du peuple à cet imam et au califat comme obligatoire et a déclaré : "Après le souvenir de Dieu, et que la paix soit sur vous, vous savez - même si vous vous cachez - que je n'ai pas cherché le peuple à gouverner, jusqu'à ce qu'ils soient venus à moi, et je n'ai pas promis allégeance jusqu'à ce qu'ils m'aient promis allégeance, vous deux Vous étiez de ceux qui me voulaient et m'ont prêté allégeance. En effet, l'allégeance du peuple à mon égard n'était pas dominée par la peur du pouvoir, ni par l'acquisition de biens matériels. Si vous avez juré allégeance par désir et par choix, il n'est pas trop tard - revenez du chemin que vous avez pris et repentez-vous devant Dieu. Et si vous avez prêté allégeance à contrecœur dans votre cœur, sachez-le, car c'est vous qui m'avez permis de régner sur vous, de vous obéir et de cacher ma désobéissance. Je jure que vous ne méritez pas plus le secret que les autres immigrés. "Si vous aviez retiré votre allégeance au début - et que vous n'aviez pas prêté allégeance - il vous aurait été plus facile de prêter allégeance puis d'y renoncer."

Réglementation de la politique étrangère du gouvernement

1. Guerre La guerre est le type le plus évident de relation hostile. La guerre est le résultat de l'ignorance de la moralité et des principes humains. Éviter la guerre est l'une des règles du gouvernement islamique par les musulmans à moins que l'ennemi ne soit déclaré prêt pour la guerre. Le gouvernement de l'Imam Ali (AS), qui est l'exemple parfait du gouvernement islamique, concerne le respect des droits Humanitaires, qui sont l'une des règles morales et humaines les plus importantes ; Pendant les guerres, ils disaient : "Ne commencez pas une guerre avec l'ennemi avant qu'il ne commence, ne tuez pas celui qui lui a tourné le dos, et ne faites pas de mal à celui qui n'a pas le pouvoir de défendre, et ne tuez pas les criminels, ne

provoquez pas les femmes en en les harcelant." 2. La paix La paix signifie « éviter les différences marquées et les affrontements militaires avec d'autres pays », en d'autres termes, la paix internationale signifie une stabilité militaire relative, un équilibre relatif des pouvoirs et l'absence de désordre général dans le système international existant ou à la base des relations entre les nations. Le gouvernement alaouite a établi un modèle parfait de paix et de confort pour l'humanité. Son cours pratique face aux ennemis reflète son approche morale, à tel point que dans l'une de ses lettres sur la recherche de la paix et l'acceptation de la paix, il déclare honorablement : " Jamais offre "Ne rejetez pas la paix de l'ennemi, dans laquelle est le plaisir de Dieu, que le confort des guerriers et votre tranquillité d'esprit, et la sécurité du pays seront assurés dans la paix." Concernant les principes de paix et de réconciliation des musulmans, il écrit dans une lettre : « Il s'agit d'un traité que les peuples du Yémen et de Rabia ont accepté, qu'ils soient en ville ou qu'ils vivent dans le désert. Ils suivent le Coran, et ils appellent au Livre de Dieu, et ils commandent qu'il soit obéi, et quiconque les appelle au Livre de Dieu, ils ne seront pas payés à égalité, et ils n'accepteront rien en retour Ils s'opposeront à quiconque voudra rompre le traité ou l'abandonner. Certains aident les autres, tous sont unis, et ils ne rompent pas l'alliance à cause du reproche, de la colère, de l'humiliation ou de l'insulte. Car l'alliance, les présents et les absents, les sages et les ignorants, les tolérants et les ignorants, sont tous inébranlables, et l'alliance divine a été rendue obligatoire sur eux : « Certes, l'alliance de Dieu sera remise en question. » Il est à noter que du point de vue de l'Imam, la simple conclusion d'un pacte de paix et de réconciliation ne doit pas masquer les yeux de l'Etat islamique des mouvements de l'ennemi, a-t-il déclaré : « Bien sûr, la vigilance après la réconciliation et la paix est nécessaire et l'État islamique doit être prévoyant." 3. Adhésion aux traités L'adhésion aux traités est nécessaire et peu importe que le traité soit conclu entre des États islamiques ou entre des États islamiques et d'autres. En principe, l'adhésion aux alliances stipule : « Vous gardez les alliances, surtout avec les fidèles » et dit également à propos de l'adhésion aux alliances conclues avec l'ennemi : « Maintenant, si une alliance est faite entre vous et l'ennemi, ou si vous l'avez épargné dans votre refuge, soyez fidèle à votre alliance, et soyez fidèle à ce que vous avez fait, et faites de votre âme le bouclier de votre alliance, car aucun de Ce n'est pas comme garder l'alliance, dans laquelle tous les peuples du monde sont d'accord avec toutes les différences dans leurs pensées et leurs désirs, dans la mesure où les polythéistes étaient fidèles à l'alliance qu'ils ont faite avec les musulmans à l'époque de l'ignorance, parce que l'avenir malheureux brise l'alliance. Ne rompez donc pas l'alliance et ne trahissez pas votre alliance ! Assurer le bien-être du développement : Lorsque Malik élit Ashtar comme gouverneur, l'un des objectifs est de développer les villes d'Égypte. "Des efforts doivent être faits pour développer la terre, car le tribut et les impôts ne peuvent être fournis que par le développement. Le développement et la prospérité sont un facteur d'augmentation de la tolérance du peuple (citoyens). L'un des résultats de la résurrection du Prophète (paix et que les bénédictions d'Allah soient sur lui) est le bien-être du peuple « Ils savent ». Et ils ont mis l'accent sur la prospérité de l'économie afin d'atteindre le chemin et le confort du peuple. Le gouvernement a été chargé de la planification économique : "Parlez beaucoup aux scientifiques et discutez avec beaucoup de sages, ce qui est la cause de la prospérité et de la réforme des villes, et de l'établissement de la loi et de l'ordre qui existaient dans le passé."

Conclusion À la fin de la recherche, nous sommes arrivés à la conclusion que le gouvernement moral est un nouveau terme. Ce terme a été inventé pour la première fois par des penseurs occidentaux qui ont parlé du concept, des devoirs et des tâches de l'état moral ; Mais son émergence ne signifie pas l'absence de ses principes et caractéristiques dans les sources islamiques. Parmi les sources islamiques, on peut citer les paroles et les lettres de l'Imam Ali (as), qui sont les documents les plus importants pour les gouvernements à travers l'histoire de l'humanité. Le gouvernement moral de l'Imam Ali est un gouvernement global qui est basé sur des sources islamiques authentiques en termes de lois et de règlements exécutifs. Les devoirs les plus importants des Alaouites dans le domaine de la politique sont l'établissement du gouvernement de la vérité et la réforme des faux gouvernements et la présentation d'un gouvernement basé sur les enseignements du Prophète, l'expansion de la justice et l'établissement des versements, la l'instauration de la paix et de la sécurité nationales et internationales, Dans le domaine de la culture et de la religion, la croissance morale et spirituelle et l'excellence du peuple, la promotion des vertus morales et l'éradication des vices, le règne de l'islam et le monothéisme, la satisfaction du public, le développement de la science et du savoir et l'épanouissement de la pensée et de la sagesse et créant la paix de l'esprit Et psychologique et ... sera obtenu. Du point de vue économique et civil, les êtres humains seront témoins de la planification de l'abondance des bénédictions et des bénédictions, de la renaissance et de la vie complète sur terre, de la prospérité de l'agriculture, du bien-être et du confort humains, du développement de la terre et des villes, etc. Sur cette base, on peut tirer profit de la philosophie religieuse, philosophique, théologique, politique, de l'histoire, etc. pour expliquer l'état moral de l'Imam Ali (psl) et présenter une théorie scientifique, systématique et complète de sa pensée pratique. illustrations ci-dessus est chargé d'expliquer et d'illustrer les différentes dimensions de la doctrine de l'Imam Ali (as).

1- Dashti, Imam Ali et l'éthique islamique, Institut de recherche culturelle Amir Al-Momenin, p.79 2- Cheikh Mofid, Amali Al-Mufid, décès de l'auteur : 413 AH, éditeur : Congrès de Cheikh Mofid, p.222 3- Hassan Ibn Abi Al-Hassan Dailami, Guidance of Hearts, deux volumes en un seul volume, Sharif Razi Publications, 1412 AH / Tome 1, p. 119 4- Cheikh Saduq, Al-Khasal, deux volumes en un volume, Qom Teachers Association Publications, 1403 AH / Vol. 2, p. 616 5-Kafi 5/518 (Trust of Islam Klini, Al-Kafi, 8 volumes, Dar al-Kitab al-Islamiyya Téhéran, 1986 AH) 6- Imam Ali Ibn Abi Talib (que la paix soit sur lui), Nahj al-Balaghah, 1 volume, Dar Al-Hijra Publications, Qom / Lettre 31 7- Allama Majlisi, Bihar Al-Anwar, 110 volumes, Institut Al-Wafa, Beyrouth - Liban, 1404 AH / tome 76, p. 115 8- Imam Ali Ibn Abi Talib (que la paix soit sur lui),

Nahj al-Balaghah, 1 volume, Dar Al-Hijra Publications, Qom / Lettre 31 9- Cheikh Saduq, je n'assiste pas à Al-Faqih, 4 volumes, Qom Teachers Association Publications, 1413 AH / Vol. 3, p. 556 10- Cheikh Saduq, Je n'assiste pas à la jurisprudence, 4 volumes, Qom Teachers Association Publications, 1413 AH / Vol. 3, p. 556 11- Trust of Islam Klini, Al-Kafi, 8 volumes, Maison des livres islamiques de Téhéran, 1986 AH / Vol.5, p.86 12-Muhaddith Nouri, Mustadrak al-Wasayl, 18 volumes, Institut Al-Bayt, que la paix soit sur eux, Qom, 1408 AH / volume 13, p. 48 13- Dashti / Imam Ali et l'éthique islamique / Institut de recherche culturelle Amir Al-Momenin / p.304

Printed by Books on Demand GmbH, Norderstedt / Germany